AF472884

GÉOGRAPHIE GALLO-ROMAINE DE L'ARMORIQUE

DIABLINTES

CURIOSOLITES & CORISOPITES

PAR

ARTHUR DE LA BORDERIE

Membre du Comité des Travaux historiques

PARIS
LIBRAIRIE DE H. CHAMPION
15, QUAI MALAQUAIS, 15

MDCCCLXXXI

TIRÉ A CINQUANTE EXEMPLAIRES

GÉOGRAPHIE GALLO-ROMAINE DE L'ARMORIQUE

DIABLINTES

CURIOSOLITES ET CORISOPITES

1. — Dans les recherches qui touchent aux origines, toujours si difficiles, deux défauts à éviter : la paresse d'esprit qui accepte l'opinion dominante sans tenter d'aller au-delà ; l'inquiétude d'esprit, la manie de faire du nouveau, qui sans raison suffisante remet en question à chaque instant les solutions acquises, et fait ainsi de la science une sorte d'écureuil en cage, tournant sa roue à perpétuité sans avancer.

C'est un exercice de ce genre qu'imposent à l'érudition bretonne les nouvelles opinions formulées depuis quelques années sur les Diablintes et sur les Curiosolites. Nous allons tenter de le démontrer.

2. — La *Notice des Gaules*, rédigée (de l'aveu de tous les savants) sous le règne d'Honorius, de 395 à 423, mentionne dans la Lyonnaise troisième

neuf peuples ou cités gallo-romains ; — 1. *Metropolis civitas Turonum* (Tours), — 2. *Civitas Cenomanorum* (Le Mans), — 3. *Redonum* (Rennes), — 4. *Andegavorum* (Angers), — 5. *Nannetum* (Nantes), — 6. *Coriosopitum* ou *Coriosolitum* (1), — 7. *Venetorum* (Vannes), — 8. *Osismorum*, — 9. *Diablintum*.

Aux xve et xvie siècles, outre les Venètes, les Namnètes et les Rédons, Pierre Le Baud et d'Argentré mettaient dans la péninsule Armoricaine, les Corisopites ou Curiosolites dont ils faisaient un même peuple et qu'ils plaçaient en Cornouaille, les Osismes qu'ils mettaient dans le pays de Léon, et les Diablintes dans celui d'Aleth ou, si l'on veut, dans les évêchés de Dol et de Saint-Malo.

Ce système géographique subsista jusqu'au xviiie siècle.

Mais, à cette époque, les découvertes des deux villes romaines de Corseult et de Jublains, la publication de divers géographes anciens, des *Gestes des évêques du Mans*, etc., déterminèrent l'avènement d'une opinion nouvelle.

Les Diablintes, quittant notre péninsule, furent installés autour de Jublains (2), dans les pays de Mayenne et de Laval ; les Curiosolites autour de Corseult, dans les anciens évêchés de Saint-Malo et de Saint-Brieuc.

(1) Une partie des manuscrits de la *Notice des Gaules* portent *Coriosolitum* ou une forme analogue par une *l*, les autres *Coriosopitum* ou forme analogue par un *p*.

(2) Jublains est aujourd'hui une commune du canton de Bais, arrondissement de Mayenne, à 2 lieues au sud de cette ville.

Cette doctrine géographique, développée et solidement établie par feu M. Bizeul avec une érudition appuyée de nombreuses recherches locales, était, il y a moins de dix ans, celle de tout le monde, et semblait répondre, dans son ensemble, à toutes les exigences.

En 1872 et 1873, elle a été vivement attaquée par MM. Longnon, Kerviler, Le Men. Tous trois placent les Corisopites à Quimper ; M. Le Men identifie les Curiosolites avec les Corisopites ; MM. Longnon et Kerviler en font au contraire deux peuples entièrement distincts et laissent les Curiosolites à Corseult. Mais tout auprès d'eux ils placent les Diablintes, enlevés à Jublains et restitués à Aleth. Ils supposent les Curiosolites éteints, finis, disparus avant la *Notice des Gaules*, c'est-à-dire avant la fin du IVe siècle, étouffés en quelque sorte par les Diablintes qui héritent de leur territoire.

Tel est le nouveau système. Comme progrès scientifique, il nous fait rétrograder de trois siècles, il nous ramène à Le Baud et à d'Argentré. Voyons s'il a des fondements solides.

3. — Les Diablintes sont nommés (outre la *Notice des Gaules*) dans Pline *(Hist. nat.* lib. VI, cap. 32), dans César (*de Bello Gall,* II, 9), et dans Ptolémée.

Les deux premiers les mentionnent avec plusieurs autres peuples, mais sans prétendre indiquer la situation respective, la place précise et géographique de ces diverses peuplades sur le sol de la Gaule. Il en est autrement de Ptolémée, qui prend à tâche, au contraire, d'établir ces positions respectives aussi exactement qu'il le peut avec les renseignements recueillis par lui, — souvenirs de marchands ou de voyageurs qui placent les pays dans l'ordre où ils les ont parcourus.

Ici, comme le dit un ingénieux défenseur de Jublains (1), Ptolémée suit vraisemblablement l'itinéraire d'un marchand parti de l'embouchure de la Seine « pour faire ce qu'on appellerait aujourd'hui » son tour de Normandie et de Bretagne. » Il jalonne cet itinéraire en mentionnant les principaux peuples successivement rencontrés par ce marchand, savoir, les Calètes (pays de Caux), les Lexubii et les Biducasses (côtes de Normandie), les Unelles (Manche), les Osismes qui occupent la côte nord de la péninsule armoricaine autour du cap Gobæum, les Vénètes qui s'étendent sur la côte sud, les Samnites vers l'embouchure de la Loire. Arrivé là, voulant revenir à son point de départ, c'est-à-dire à la basse Seine, Ptolémée ajoute :

« *Dans l'intérieur des terres*, plus au levant que » les Vénètes, sont les Aulerces-Diablintes, dont » la ville est Næodunum (2), — puis les Arviens

(1) M. Jules Le Fizelier, ***Etudes sur la géographie ancienne du Bas-Maine***, **Arvii *et* Diablintes**, p. 29. (Extr. des Comptes-rendus du Congrès de la Soc. franç. d'Archéologie en 1878).

(2) Ενδὲ τῇ μεσογαίᾳ τῶν μὲν Οὐενετῶν εἰσιν ἀναλεκώτεροι Αὐλίρκιοι Διαυλῖται, ὧν πόλις Νοιόδουνον. (Ptolem. lib. II, cap. 8.) Traduction latine littérale : « *In mediterranea* autem, Venetis magis orientales, sunt Aulirci Diabolitæ, quorum civitas Næodunum. » M. Kerviler a cité ce passage en omettant les deux premiers mots, qui renversent sa thèse. (*Association Bretonne, Congrès de Quimper en 1873*, Archéologie, p. 57).

» et leur ville Vagoritum, — après eux, et jusqu'à » la Seine, les Veneliocasses, dont la ville est » Rotomagus (Rouen). »

Il résulte clairement de là : 1° que le territoire des Diablintes ne touche pas la mer, 2° qu'il doit être cherché sur une ligne allant de l'embouchure de la Loire à celle de la Seine. Deux conditions qui excluent le pays d'Aleth, dont la capitale est justement un port de mer.

Dira-t-on que Ptolémée s'est trompé ? Mais alors il faut le prouver ; il faut montrer des monuments, des textes anciens appliquant le nom de Diablintes, malgré Ptolémée, à une région maritime, spécialement à celle d'Aleth. De textes anciens mentionnant ce nom de Diablintes, il y en a beaucoup ; nous allons voir à quel pays ils l'appliquent.

M. Kerviler affirme à plusieurs reprises que ceux qui placent les Diablintes à Jublains « se fondent » uniquement sur la ressemblance de ces deux » noms, » sans pouvoir invoquer aucun texte à l'appui de leur opinion. Il y a cependant longtemps que Mabillon a publié les *Actes des évêques du Mans*, les Bollandistes la Vie de saint Domnole, Baluze celle de saint Aldric, etc., documents qui, du IVe au IXe siècle, fournissent une série de textes appliquant positivement le nom de Diablintes à la ville et au pays de Jublains. En voici quelques-uns.

Au IVe siècle, saint Julien, premier évêque du Mans, consacre une église *in vico Diablintico*, lequel *vicus* lui avait été donné par le *défenseur* ou magistrat municipal du Mans.

Au VIe siècle (560-581), la Vie de saint Domnole,

évêque du Mans, mentionne certain personnage qui s'empara violemment du village de Trans, appartenant à l'église du Mans et situé dans le pays des Diablintes (*villam ecclesiæ Cenomannicæ, Tridentem vocabulo, sitam in condita* DIABLINTICA). Trans est aujourd'hui, tout comme Jublains, une commune du canton de Bais, arrondissement de Mayenne.

En 616, saint Bertrand, aussi évêque du Mans, lègue à sa cathédrale, par son testament, « domum » *Diablentes* quam meo opere ædificavi, et quidquid » undique *in oppidum Diablintis* juxta ripam » Aroenæ fluvii comparavi, excepto res antiquas » sanctæ *ecclesiæ Diablinticæ.*» Cet *Aroena fluvius* est la rivière d'Aron qui coule à une lieue de Jublains. Le même testament nomme aussi *villa Marciliaco, sita secus Diablintas*, aujourd'hui Marcillé-la-Ville, canton et arrondissement de Mayenne.

En 710, un autre évêque du Mans, appelé Beraire, fonde un monastère dit « *Caladunum,* in pago » Cenomanico, *in condita Diablintica.* » Ce *Caladunum* est Chalon, aujourd'hui commune du canton d'Argentré, arrondissement de Laval.

Quoi encore? la Vie de saint Siviard, écrite au VIIIe siècle, le dit né *in pago Cenomanico et in condita Dablintica*. Celle de saint Aldric, évêque du Mans, mentionne, en 777, *villam ad Mansiones in vicaria Diablintica*, qui est Mésangé près Evron. Les diplômes de Charlemagne et de Louis-le-Débonnaire confirment à l'église du Mans diverses possessions situées *in vico Diablintico*, entre autres l'église de Saint-Martin de Mayenne, désignée sous le nom de *monasteriolum Sancti Martini in Diablintico* (1).

Il est donc absolument certain que le pays des Diablintes était compris dans le territoire qui plus tard forma le diocèse du Mans, certain aussi que sa capitale était Jublains ; car il n'y a pas entre les deux noms « simple analogie, » comme le dit M. Kerviler ; c'est le même nom, passé de latin en français par l'intermédiaire des formes *Jablent, Jaiblent, Jeblent, Jeublent, Jublent*. On sait d'ailleurs les ruines immenses exhumées depuis un siècle à Jublains, et qui en font l'un des principaux centres de l'occupation romaine dans l'Ouest des Gaules : forte citadelle, vaste cirque, temples magnifiques, marbres, fresques, mosaïques, aqueducs, forum, substructions nombreuses, au loin répandues, attestant l'existence d'une grande ville (2) ; voies antiques se dirigeant vers cette ville, et sur l'une de ces voies, au gué de Saint-Léonard, borne milliaire avec une inscription incomplète, où on lit encore à la fin : L IIII *(Leucæ quatuor)*, exacte indication de la distance en lieues gauloises qui sépare ce point de Jublains : preuve que, sur les voies environnantes, les distances étaient comptées à partir de cette ville, et qu'elle était par conséquent un chef-lieu, une *cité* (3).

(1) Sur les textes cités ici voir Cauvin, *Géographie ancienne du diocèse du Mans*, article *Diablons*, p. 290, 297, et aussi p. 92, 256, 394, 406, 526 ; et J. Le Fizelier, *Arvii et Diablintes*, p. 34-35.

(2) Voir l'ouvrage de M. Barbe, *Jublains, notes sur ses antiquités*, Le Mans, Monnoyer 1865, in-8°.

(3) J. Le Fizelier, *Arvii et Diablintes*, p. 38.

Enfin, il suffit de jeter les yeux sur la carte pour voir que la situation de Jublains et de sa région remplit exactement les deux conditions topographiques assignées aux Diablintes par Ptolémée, d'être dans l'intérieur des terres, sur une ligne allant de la basse Loire à la basse Seine.

Tous les indices, tous les monuments, tous les documents concordent donc pour donner à la situation des Diablintes dans le pays de Jublains la plus haute certitude qu'on puisse atteindre dans la solution d'un problème de ce genre.

Pour renverser un tel faisceau de preuves, pour enlever les Diablintes à Jublains et les donner à Aleth, il faut, en bonne logique, des preuves plus fortes, plus nombreuses et plus directes, des textes plus précis et plus anciens, des monuments plus nombreux.

Voyons ce qu'on nous offre.

5. — Ici une grande réserve nous est imposée par notre cordiale amitié pour M. Kerviler, notre haute estime pour sa science et ses travaux, pour les travaux et la science de M. Longnon. Pourtant il nous faut bien le dire : contre les preuves accumulées en faveur de Jublains, on nous présente en faveur d'Aleth.... rien, ou peu s'en faut. Beaucoup de raisonnements, sans doute, nous les examinerons. Mais avec des raisonnements on ne détruit pas des faits ; et si les Diablintes sont à Jublains, ils ne peuvent être à Aleth.

En faveur d'Aleth, voici tout ce qu'on trouve à alléguer.

On sait que les villes chefs-lieux des cités gallo-romaines, qui d'abord avaient des noms particuliers comme *Condate*, *Dariorigum*, *Vorganium*, prirent dans l'usage, à partir du IIIe et du IVe siècle, le nom du peuple ou de la cité, dont chacune était la capitale; ainsi Condate s'appelle *Redones* (Rennes); Dariorigum, *Veneti* (Vannes); Vorganium, *Osismii*. Le chef-lieu de Diablintes, dit primitivement *Nœodunum*, dut donc devenir aussi *Diablintes*. Or, selon M. Kerviler, Aleth ne serait que la contraction de *Dialeth* ou *Dialetum*, et Dialetum serait le nom des Diablintes appliqué à leur ville capitale. Donc, etc.

Si le fait est vrai, la forme primitive, complète et développée, *Dialethum*, doit précéder dans les documents la forme contractée et secondaire, *Alethum* ; car la contraction ne peut pas plus précéder la forme complète d'où elle sort, que le dérivé ne peut précéder sa source, ni le fils engendrer son père. Or ici la forme contractée, *Alethum*, apparaît au contraire la première, dès la fin du IVe siècle, dans la *Notice des dignités de l'Empire* (1), antérieure à 401 ; et la forme soi-disant primitive, *Dialetum* ou *Dialethum*, se montre tout au plus cinq siècles après, dans la *Chronique de Nantes*. Donc il n'y a pas de contraction ; *Aleth* est la forme primitive, *Di* est un affixe, joint à ce nom dans un seul texte, et dont nous rechercherons la valeur. Mais dès maintenant, il est clair que cette forme *Dialethum*, inconnue avant le IXe siècle, n'a aucune

(1) La *Notice des dignités* place à Aleth une garnison de soldats de la légion de Mars, ainsi mentionnée : *Præfectus militum Martensium*, ALETHO.

sorte de rapport avec les Diablintes de la *Notice*. Nous l'allons faire voir de plus en plus.

La *Chronique de Nantes*, rédigée et écrite au XIe siècle, semble composée de morceaux soudés ensemble, dont les plus anciens (dans l'état actuel) remonteraient au milieu du IXe siècle. Elle débute par le récit de la révolte de Nominoë contre Charles le Chauve ; elle raconte son échec à Messac, où il fut défait en l'an 843 par Renaud, comte franc de Nantes et de Poitiers, et ajoute que Lambert, destitué du comté de Nantes par Charles le Chauve et allié de Nominoë, n'avait pu assister ce dernier dans le combat de Messac, parce qu'il attendait des troupes bretonnes venant du pays d'Aleth : « *Lambertus autem, expectans Britannos* DIALETENSES, *minime in primo hujus belli congressu esse potuit* (1). » Un peu plus loin, cette même *Chronique de Nantes*, en parlant du procès fait aux prélats simoniaques par l'ordre de Nominoë, appelle l'évêque d'Aleth *Aletensis* et non *Dialetensis* (2). Il en est de même de la très ancienne Notice sur ce procès, tirée d'un manuscrit du Mont Saint-Michel (3).

Il est vrai que la *Chronique de St-Brieuc* et le *Fragment historique* de la Chartreuse de Valdieu, à propos du même procès, nomment l'évêque *episcopus Dialetensis*, et l'évèché *diocesis Dialetensis* (4). Mais ces deux chroniques sont fort récentes,

(1) D. Morice, *Preuves de l'histoire de Bretagne*, I, col. 136.

(2) « Salaconem *Aletensem*, Felicem Corisopitensem episcopos. » *Ibid.* 140.

(3) *Ibid.* 288.

(4) *Ibid.* 23 et 284.

du XIVᵉ et du XVᵉ siècle, et elle ne font en cet endroit que paraphraser la *Chronique de Nantes* et la Notice du Mont Saint-Michel.

Donc cette épithète *Dialetensis*, donnée à l'évêque et au diocèse, est là une pure fantaisie individuelle d'une date très-postérieure, dès lors sans aucune autorité.

Le Cartulaire de Redon mentionne six ou huit fois le diocèse et l'évêque d'Aleth, de 835 à 871 : nulle part on n'y trouve la forme *Dialetum*, *Dialetensis*, mais « *Aleta* civitas, episcopus *Aletis*, episcopus *Aletensis* (1). » Le célèbre diplôme de Louis le Débonnaire pour Hélocar, évêque d'Aleth, nomme aussi ce prélat *episcopus Alethensis* (2).

En un mot, dans les documents anciens, c'est-à-dire antérieurs au XIᵉ siècle, on ne trouve qu'un seul exemple de la forme *Dialetensis*, pour qualifier les Bretons du pays d'Aleth, dans le passage ci-dessus cité de la *Chronique de Nantes*, et l'on n'en trouve aucun de cette même forme appliquée à l'évêque, au diocèse et aux choses ecclésiastiques.

La raison en est bien simple. Le nom primitif de la ville est certainement Aleth, puisque c'est le seul qu'on trouve à l'époque romaine. Mais quand les Bretons établis en Armorique occupèrent cette ville, ils placèrent parfois devant son nom deux affixes, l'un pour désigner l'établissement monastique, ecclésiastique, formé dans cette ville ; l'autre

(1) V. Cartulaire de Redon, 1863, in-4°, p. 39, 172, 192, 199, 356, 366.

(2) D. Morice, *Preuves* I, 225.

pour désigner la ville elle-même comme groupe d'habitations et centre du pays. Dans le premier cas ils l'appelaient *Lan-Aleth* ; car *lan* en ancien breton signifie église et monastère ; et le pontifical anglo-saxon du IXe siècle, conservé à la bibliothèque de Rouen, donne en effet à l'évêque d'Aleth le titre de *Lan-Aletensis monastarii episcopus* (1).

L'autre affixe était *gwic* ou *guic*, encore usité en certaines rencontres par les Bretons pour désigner un bourg, une ville, une réunion d'habitations ; ainsi, par exemple, on dit encore *Guic*-Talmézau ou *Gui*-Talmézau en Ploudalmézau, c'est-à-dire proprement, le *bourg* de Talmézau dans la paroisse du même nom. Dans le même sens, par opposition au *Pou*-Aleth (*pagus Alethensis*), on disait *Guic*-Aleth, la ville d'Aleth.

Pou-Aleth est resté dans *Pouleth* et Clos-*Poulet*. Quant à Guic-Aleth, il est évident que le *c*, qui termine l'affixe, forme un son trop dur et trop difficile à prononcer pour être conservé longtemps dans l'usage populaire. Il s'adoucit promptement en *Guialeth* et *Guidalet*, qui a longtemps persisté sous la forme *Quidalet*. La forme Guialeth, latinisée, est *Guialetum*, et adjectivée, *Guialetensis*. Les *Britanni Guialetenses* sont proprement les Bretons habitants de la ville d'Aleth ; c'est d'eux que parle la *Chronique de Nantes* dans le passage cité.

Car il est bien facile d'expliquer la transformation

(1) Voir *Mélanges d'histoire et d'archéologie bretonne*, Rennes, 1855-1858, 2 vol. in-12, t. II, p. 105-106 ; et *Revue de Bretagne et de Vendée*, année 1861, 1er semestre, p. 123 et 130-132.

de *Guialetenses* en *Dialetenses*. Nous n'avons plus de la *Chronique de Nantes* ni le manuscrit original ni aucune copie contemporaine ; nos Bénédictins ont dû repêcher ce document, morceau par morceau, dans la *Chronique de Saint-Brieuc* et autres compilations manuscrites du xve siècle qui en ont inséré dans leur texte des fragments, reconnaissables grâce aux indications du vieux Pierre Le Baud (1). La *Chronique de Saint-Brieuc* et les autres compilations où se trouvent ces fragments sont toutes d'une écriture cursive très rapide ; rien de plus facile dans ces conditions qu'une faute de copiste, surtout si, comme cela se faisait souvent, le copiste écrivait sous la dictée ; les deux sons *Dialetenses* et *Guialetenses* sont si près l'un de l'autre, qu'une méprise est parfaitement naturelle.

Voilà la source de cette forme dans le seul texte ancien où on la rencontre. En tous cas, de quelque façon qu'on tourne la chose, les Diablintes n'y sont pour rien.

6. — Pour étayer ce système qui transporte les Diablintes à Aleth, on a cherché un appui dans un texte de la Vie de saint Viau, donné par les Bollandistes, où il est dit que la « métropole de Dol » fut pillée et dépeuplée par les invasions normandes des IXe et Xe siècles, ainsi que les sept cités ou villes épiscopales qui lui étaient soumises *(septem ei subjacentes civitates)*, savoir Vannes, Carhaix,

(1) Voir l'intitulé de cette chronique dans Lobineau, *Hist. de Bret.* II, col. 35-36, et dans D. Morice, *Preuves* I, 135-136.

Quimper, Quimperlé, St-Pol de Léon, *Portus Saliocanus* et *Diablinticum* ou Diallentic (1).

Il faut être bien court de preuves pour faire usage d'un tel document, auquel sa date (le xie siècle au plus) ôterait dans le présent débat toute autorité, quand même ces prétendus sièges épiscopaux de Carhaix, de Quimperlé, de Port-Saliocan, soi-disant détruits par les Normands, ne seraient pas de la haute fantaisie. D'ailleurs il n'est nullement démontré que, dans l'intention de l'auteur, le Diablentic ou Diallentic de ce passage soit Aleth ; le P. Albert Le Grand y a vu Lanmeur (2).

Ainsi, rien, pas un fait, pas un texte, pas un monument, pas un commencement de preuve pour asseoir cette thèse nouvelle des Diablintes à Aleth. Avec ce néant pour base, on se croit encore généreux de concéder à Jublains une colonie des Diablintes d'Aleth, un essaim sorti de cette ruche — « mais pas autre chose ! » affirme M. Kerviler. A quoi M. Jules Le Fizelier, parlant pour Jublains, répond très bien : « Etrange prétention ! Vous ne pouvez produire un texte, une preuve même indirecte de l'existence des Diablintes dans cette partie de la Bretagne où vous prétendez placer leur tribu-mère et le chef-lieu de leur *civitas* ; vous ne rappor-

(1) Voir Boll. *Acta SS.* Octob VII, p. 1098 ; et *Annuaire historique de Bretagne* de 1861, p. 165-166. Dans cet Annuaire nous avons cité ce texte uniquement pour montrer l'emploi spécial qu'on y fait du nom *Corisopitus.*

(2) Albert Le Grand, *Vies des SS. de Bret.* 1re édit. p. 368, Vie de S. Viau, n° V. Quant au Port-Saliocan, il en fait Morlaix, d'autres Porzliogan près du Conquet ; pas plus d'évêque ici que là, bien entendu.

tez pas un lieu, pas une indication géographique qui y rappelle leur souvenir : et ce serait, au contraire, l'essaim, le rameau, qui aurait laissé sur le sol où il était venu s'implanter, tant de traces impérissables ! Cela n'est pas sérieux (1). »

Si les faits manquent à cette thèse étrange, les raisonnements spéculatifs ne lui font pas défaut ; c'est de là même qu'elle est née, elle est la conséquence nécessaire d'un système préconçu, dont nous allons maintenant vérifier les bases.

7. — Le point capital de ce système, c'est l'extinction, la disparition des Curiosolites avant la rédaction de la *Notice des Gaules*, c'est-à-dire avant le ve siècle. M. Longnon, à tort ou à raison (nous examinerons ce point plus tard), ne croit trouver dans ce document aucune mention des Curiosolites. Il en conclut que cette peuplade et sa ville chef-lieu avaient dès lors disparu ; et comme il lui semble difficile d'étendre les Osismes à l'est jusqu'aux Rédons, comme il trouve à Aleth un évêché qu'il veut attribuer, — « superposer, » comme dit M. Kerviler, — à une cité ou peuplade particulière, il tire les Diablintes de Jublains, où ils n'avaient pas d'évêché, pour les porter à Aleth, où il leur en donne un, et ainsi tout est en règle, tout est correct....

Car MM. Longnon et Kerviler professent d'une façon *absolue* la complète *identité* des *cités* de la *Notice des Gaules* et des *diocèses* chrétiens. Partout — sans exception — où il y a une cité dans la *Notice*, ils veulent trouver un diocèse ; partout où ils trouvent un diocèse ancien, il faut bon gré

(1) J. Le Fizelier, *Arvii et Diablintes*, p. 36.

mal gré, qu'il réponde à l'une des cités de la *Notice*, et sinon, qu'il disparaisse (1).

C'est même, semble-t-il, pour appliquer ce principe, dans toute sa rigueur, à la péninsule armoricaine qui y semblait assez réfractaire, que M. Longnon a consacré à la géographie de cette contrée des études spéciales. Les Diablintes à Jublains, sans évêché, ne choquaient pas moins ce système que l'évêché d'Aleth sans cité à laquelle on pût le *superposer* ; et, celle des Curiosolites supprimée, il n'en restait plus. Transporter de Jublains à Aleth les Diablintes pour combler ce vide, c'était donc une excellente opération, c'était faire coup double. Les adeptes de ce système absolu ne pouvaient résister à une idée aussi séduisante. Ils l'adoptèrent et ils la préconisèrent, sans s'inquiéter si les faits s'en accommoderaient aussi bien qu'eux.

Par malheur, il n'en est rien. Le système dit : Pas de Diablintes à Jublains; — et les textes, les monuments y montrent les Diablintes partout. Les Diablintes sont à Aleth, ajoute le système ; — et pas un fait, pas un texte, pas un commencement de

(1) M. Kerviler formule très nettement ce principe *absolu :* « Les évêchés venant se superposer *exactement* sur les *civitates* du ve siècle, comment pourrait-il se faire qu'il eût existé une *civitas* à Jublains, et qu'il soit impossible d'y découvrir la moindre trace d'un évêché ? » *Assoc. Bret. Archéologie*, Congrès de Quimper en 1873 p. 59-60. Il faut se borner à dire que, *le plus souvent*, la cité gallo-romaine est devenue ensuite un évêché ; mais il y a des exceptions incontestables. Dès lors il est tout à fait illégitime d'ériger ce *fait général* en *principe absolu* et de conclure nécessairement de l'existence de la cité à celle de l'évêché, et réciproquement.

preuve ne justifie cette assertion. Le système continue : Plus de Curiosolites sous Honorius, ils sont finis, disparus avant le ve siècle. — Voyons si les faits sont de cet avis.

Les faits, ici, c'est cette masse de ruines, d'objets antiques de toute sorte découverts à Corseult depuis 1709, ceux surtout qui portent ou marquent une date, parmi lesquels — pour faire court et pour nous borner au nécessaire — nous ne parlerons que des monnaies. Et il faut noter ici que les objets relativement les plus récents ont dû être les premiers découverts, puisqu'ils étaient, de toute nécessité, le moins profondément enfouis : plus les fouilles durent, plus elles s'enfoncent dans le sol, plus les objets qu'elles ramènent s'enfoncent eux-mêmes dans l'antiquité.

Comme il s'agit pour nous de constater, non l'origine, mais la fin des Curiosolites et de leur cité, nous devrons nous adresser de préférence aux observations déjà anciennes, résultant des premières fouilles.

En 1836, un archéologue de Dinan, chercheur et collectionneur infatigable, feu M. Le Court de la Villethassetz publia dans l'*Annuaire Dinannais* l'extrait d'un *Mémoire sur les Curiosolites*, où il indique, d'après ses propres recherches et d'après les collections formées alors par divers habitants du pays, les principales découvertes faites à Corseul. Voici ce qu'il dit des monnaies :

« Les médailles, qui forment la principale partie » de ces collections, représentent la suite des empe- » reurs et des principaux personnages de l'empire, » *jusqu'à Constantin III* (407-411). On y voit aussi

» *un grand nombre de médailles gothiques* et quel-
» ques médailles grecques (1) ».

Un siècle plus tôt (en 1725), Dom Lobineau, *médailliste* fort expert (2), et qui avait assisté aux premières fouilles faites à Corseult en 1708 et 1709, écrivait ce qui suit dans ses *Vies des Saints de Bretagne,* à propos des païens convertis par saint Melaine dans le pays de Vannes aux premières années du VIe siècle :

« Il n'est pas impossible qu'il soit resté quel-
» ques idoles sur pied dans les contrées de l'Ar-
» morique : ce qui est confirmé par les figures en
» relief de Vénus et de Cupidon trouvées, l'an
» 1709, dans les ruines d'une ville du païs de
» Dinan [*en marge* Corseult], *qui a subsisté jus-*
» *qu'à la ruine de l'Empire romain dans les*
» *Gaules,* comme il paroît *par les médailles du*
» *plus bas Empire et les médailles des Goths* qu'on
» y a aussi trouvées (3). »

Et ailleurs, dans la vie de saint Thuriau, évêque de Dol :

« Il y a, à trois ou quatre lieues de Dinan, un
» petit bourg nommé *Corseult,* illustre par les an-

(1) *Annuaire Dinannais,* année 1836, p. 108-109. M. de la Villethassetz dit aussi avoir trouvé à Corseult une monnaie carlovingienne en argent (p. 95) ; mais cette médaille étant unique, il n'y a pas lieu d'en tenir compte, au point de vue qui nous occupe.

(2) Comme le prouve, entre autres, une lettre de lui, de l'an 1708, publiée par nous dans le volume intitulé *Correspondance historique des Bénédictins Bretons,* p. 141-142 (Paris, Champion, 1880, in-8°).

(3) *Vies des Saints de Bretagne,* in-fol 1725, p. 36.

» tiquitez que l'on y voit. Auprès de ce bourg, sur
» une hauteur, du côté de l'orient, appellée le petit
» Bécherel (1), il y avait autrefois une tour de
» figure octogone ou hexagone, bâtie de petites
» pierres de trois à quatre pouces en carré... Il
» n'en reste plus que trois pans, et nous n'en
» parlons ici que parce que cela s'appelle la *Tour*
» *de saint Turia.* Ce temple *doit avoir subsisté*
» *jusqu'au temps des Goths, puisque nous y avons*
» *trouvé*, dans les masures, *des médailles gothi-*
» *ques* d'or de mauvais aloi (2). »

Conclusion : loin d'avoir disparu avant le ve siècle et la *Notice des Gaules*, les Curiosolites et leur ville ont subsisté tout au moins jusqu'au vi^e^ siècle.

Nouveau démenti donné au nouveau système par les faits.

8. — Il reste à examiner un dernier point de ce système, l'érection d'une nouvelle peuplade celtique et cité gallo-romaine, dite les *Corisopites*, à laquelle on attribue le territoire de l'évêché de Quimper.

M. Kerviler veut que cette peuplade ait d'abord, au temps de César, dépendu des Vénètes, dont elle se serait détachée avant le ve siècle, pour faire une cité, à l'époque de la *Notice des Gaules.*

Qu'on s'appuie sur certaines expressions de Ptolémée pour étendre le territoire des Vénètes le long de la côte méridionale, par exemple, jusqu'à

(1) Aujourd'hui le Haut-Bécherel, à 1,800 mètres de Corseult, ou environ.

(2) *Vies des Saints de Bretagne*, 1725, in-fol. p. 178.

l'embouchure de l'Odet, nous le comprenons, quoique la conclusion tirée ainsi du texte de Ptolémée nous semble contestable. Mais pour mettre les Vénètes sur la côte occidentale il n'y a aucun prétexte. Qu'on place sur cette côte, du moins depuis la pointe du Raz, tout autre peuple que les Osismes, il y a à cela un obstacle insurmontable, le texte de Pomponius Mela qui, parlant de l'île de Sein, dit formellement : *Sena, in Britannico mari, Osismicis adversa littoribus.* (De Situ Orbis, lib. III, cap. 6).

Rien n'est plus clair et plus décisif. Néanmoins la manie de tout contester pour faire du nouveau s'en est prise aussi à ce texte. On a dit :

— L'île de Sein n'est pas du tout la *Sena* de Pomponius Méla, car au temps de Pomponius, elle s'appelait tout autrement. Elle est située à quelques lieues en face de cette grande presqu'île qu'on nomme le cap Sizun ; elle en portait primitivement le nom, c'était l'île du cap Sizun ou l'île de Sizun ; la preuve, c'est que le cartulaire de Landevenec, écrit au XIe siècle, l'appelle *insula Seidhun* (1). —

Malheureusement, ce raisonnement pèche par la base. La base, c'est que le nom de l'île est le même que celui du cap. Si c'était vrai, ces deux noms devraient encore aujourd'hui être identiques, car il est absolument impossible de comprendre comment

(1) Voir *Association bretonne, Classe d'archéologie*, Congrès de Quimper en 1873, p. 58. On promettait alors des preuves *décisives* en faveur du nom de Sizun attribué à l'île de Sein ; ces promesses (qui sont restées sans effet) m'avaient un peu ébranlé ; on peut voir pourtant, p. 61, quelle résistance j'opposais dès lors à cette thèse.

le même nom, prononcé, conservé par la même population, subirait une flexion parcequ'il s'applique à une île, et une autre parcequ'il s'applique à un cap. Ce nom pourrait être à la longue un peu modifié, mais il le serait de même façon pour l'île et pour le cap, puisqu'il n'y aurait là absolument qu'un seul et même nom.

Or, ici, il en est tout autrement. Aujourd'hui le cap s'appelle le cap *Sizun*, et l'île s'appelle *Sein* pour les Français, *Seun* ou *Sen* pour les Bretons. Donc l'identité originelle des deux noms est une fausse hypothèse, et l'on n'a nul motif de supposer que l'île, au temps de Pomponius, se soit nommée autrement que de nos jours. Or, de *Sen* et même de *Seun* à *Sena*, il n'y a pas seulement analogie, il y a identité, le son *eu* n'étant autre chose que l'*e* muet ou grave fortement prononcé.

Mais l'*insula Seidhun* du cartulaire de Landevenec, comment l'expliquer ?

S'il fallait rendre raison de toutes les fantaisies onomastiques des moines du moyen-âge, cela mènerait loin. Nous venons de prouver que l'île de Sein ne s'est point appelée Sizun ; nous avons le nom *Sen* de Pomponius identiquement reproduit dans les formes actuelles, *Sein*, *Seun* : même nom, même île, c'est une conclusion forcée.

Mais il est aisé, si l'on y tient, d'expliquer le *Seidhun* du cartulaire. C'est un calembour par à peu près, sorte d'exercice qu'en cette matière, et n'importe en quelle langue, les moines du moyen-âge affectionnaient fort.

Ainsi, du nom breton *Penpont*, le Bout du pont,

ils ont fait le latin *Panispons*, le Pont du pain, devenu effectivement en français *Pain-pont*.

Et Cornuz, le *Cornutius vicus* de Grégoire de Tours, au moyen-âge on s'amusa à en faire en latin *Corpora Nuda*, que le français traduisit fidèlement, absurdement, en *Corps-Nuds*, consacré à toujours désormais par l'orthographe officielle. Il y en a bien d'autres.

En breton, *hun* signifie sommeil; *seiz* (ancienne orthographe *seid*) ou *seih* signifie sept. *Insula Seihun* ou *Seidhun*, c'est l'île des Sept-Sommeils. Le nom de Seun est ainsi fortement défiguré, mais aussi, comme il est bien expliqué! Quel sens profond, mystique et anagogique! Le bon moine n'y tint pas, il lâcha son calembour.

Et c'est avec cette plaisanterie monacale qu'on prétend détruire, annihiler le témoignage clair et précis de Pomponius! Et ceux qui se refusent à voir dans Sein ou Seun la *Sena* de ce géographe, prétendent la trouver dans Ouessant! Mais, bonnes gens, songez-y donc : *Seidhun* lui-même est beaucoup plus près de *Sena* qu'*Ouessant*.

D'autres nous proposent de la chercher dans n'importe quelle île microscopique des côtes de la Manche, comme si la *Sena* de Pomponius était une île ordinaire, comme si elle pouvait être autre chose qu'une plage célèbre, renommée de tout temps pour les tempêtes, les dangers que déchaînaient autour d'elle ses redoutables prêtresses? Et y a-t-il sur les côtes de la Bretagne une autre île qui approche seulement du sombre et tragique renom de l'île de Sein?

Non. Toutes ces fantaisies ne sont pas sérieuses.

La *Sena* de Pomponius, sans contestation possible, est *Sein* ou *Seun*, et protège à tout jamais le territoire des Osismes contre l'invasion des Corisopites.

9. — Avant de passer outre, résumons-nous.

Les Diablintes ne peuvent pas être placés dans le pays d'Aleth : 1° parcequ'il n'y a nulle part dans ce pays la moindre trace de leur existence ; 2° parce que Ptolémée les met dans l'intérieur des terres, et sur une ligne allant de la basse Loire à la basse Seine.

Les Diablintes doivent être placés dans le pays de Jublains : 1° parce que nombre de monuments importants, nombre de textes formels et authentiques du IVᵉ siècle au IXᵉ, y attestent leur présence ; 2° parce que cette situation répond de tout point aux indications de Ptolémée.

La ville chef-lieu des Curiosolites existait encore au moins aux premières années du VIᵉ siècle ; donc ce peuple n'avait pas disparu avant la *Notice des Gaules*, c'est-à-dire avant le Vᵉ siècle.

Les Corisopites ne pouvaient occuper le territoire de l'évêché de Quimper, car ce territoire, à partir tout au moins de la pointe du Raz, était occupé par les Osismes, comme le prouve Pomponius Méla. Et comme on ne voit pas dès lors où auraient pu être placés ces Corisopites, il faut conclure qu'ils n'existaient point comme cité gallo-romaine.

Nous pourrions en rester là, après avoir démoli les thèses du nouveau système, laissant à d'autres le soin de compléter l'œuvre et de chercher des solutions pour les difficultés encore pendantes.

Mais comme jadis (en 1861) nous avons proposé

une solution pour une partie de ces difficultés, on nous permettra d'examiner si elle conserve ou non sa valeur.

10. — La difficulté gît en ce point que, si au commencement du ve siècle les Corisopites n'existent pas comme cité gallo-romaine, il existe certainement au IXe siècle, et sans doute depuis la fin du ve (vers 470), une ville et un évêché de *Corisopitum,* qui ne sont autres que l'évêché et la ville de Quimper. Si ce nom ne vient pas d'une peuplade ou cité gallo-romaine, d'où sort-il ?

En 1861, nous avons montré qu'il pouvait et devait avoir été apporté en ce lieu par les émigrés venus de la Grande-Bretagne, où il y avait, à l'époque romaine, une ville portant exactement ce nom de *Corisopitum.* Avec cela il nous semblait facile de sortir des embarras que présente la *Notice des Gaules,* quant aux Curiosolites et Corisopites. — La version originale était, selon nous, *Curiosolites ;* les seuls manuscrits de la *Notice* signalés en 1861 ne dataient que du IXe siècle, et il est clair qu'à cette époque le souvenir de l'antique cité Curiosolite étant fort obscurci, l'évêché Corisopite fort connu, les copistes de la *Notice,* en présence de ce nom de Curiosolites qui pour eux ne représentait plus rien, avaient dû se trouver embarrassés. Les uns avaient fidèlement copié l'original sans le comprendre, et conservé la version Curiosolites ou Coriosolites ; les autres, croyant à un *lapsus calami* dans leur modèle, l'avaient corrigé à leur manière, substituant *p* à *l* pour transformer ces Curiosolites très ignorés en Corisopites bien plus connus.

Dès lors, il n'était point nécessaire de faire voyager les Diablintes, on les laissait à Jublains ; ni de faire périr prématurément tout le peuple Curiosolite, on le laissait achever son existence autour de Corseult, et même, s'il le voulait, s'approprier plus ou moins légitimement l'évêché d'Aleth. Enfin Pomponius Méla n'avait point à craindre d'être torturé dans son sens, ni les Osismes troublés dans la possession de leur territoire, du moins avant l'arrivée des émigrés bretons (vers 460-470). Mais comme à ce moment-là il y avait de la place de reste, et que ces pauvres Bretons étaient gens pacifiques, les émigrés du *Corisopitum* insulaires venaient sans nuire à personne relever le nom de leur ville au confluent de l'Odet et du Steir, et fonder sous ce nom un évêché.

Si cette solution, qu'on trouve avec tout son développement dans l'*Annuaire historique de Bretagne* de 1861, était bonne alors, qui l'empêche d'être encore bonne aujourd'hui ?

Voici. Depuis lors, M. Longnon a découvert un manuscrit de la *Notice des Gaules* qui date, croit-il, du milieu du VIe siècle ; il porte la version *Corisopitum* (1) et non *Corisolitum* ; à raison de sa date, M. Longnon estime « que l'influence bretonne » n'a pu avoir aucune prise sur la rédaction de » ce manuscrit, » et que le texte primitif de la *Notice* est *Corisopitum*. Dès lors il est clair que ce nom, à ses yeux, ne peut venir de l'île de Bretagne ;

(1) Ou plus exactement, *civitas Coriosopotum*. Ce manuscrit, qui provient de l'abbaye de Corbie, figure aujourd'hui dans le fonds latin de la Bibliothèque Nationale sous le n° 12097.

mais nous comprenons moins comment cela l'oblige à chasser les Diablintes du bas Maine pour les loger dans notre péninsule.

D'ailleurs, est-il bien certain que les changements politiques produits dans la péninsule armoricaine par l'émigration bretonne n'aient pu avoir d'influence sur le scribe qui a copié cette liste de la *Notice?* Là dessus il nous reste quelque doute. Nous avons examiné le manuscrit avec l'aide du très expert, très savant paléographe qui dirige la Bibliothèque Nationale, et d'après les caractères de l'écriture, M. Léopold Delisle le regarde comme datant, en cette partie, de 570 ou environ.

L'émigration bretonne avait commencé cent ans plus tôt (vers 460), et bien qu'il soit venu des bandes de l'île sur le continent jusque dans le VIIe siècle, cependant, en 570, l'établissement des Bretons en Armorique était dans l'ordre politique complètement formé depuis plus d'un demi-siècle; car dès 520 existaient les cinq petits royaumes ou principautés entre lesquelles ils s'étaient partagés : Cornouaille, Browerech, Léon, Domnonée, Poher. L'évêché de Cornouaille ou de *Corisopitum*, le premier évêché breton fondé en Armorique (vers 480), datait déjà de près de cent ans. Pendant tout le VIe siècle, les princes, les moines, les évêques bretons avaient eu d'incessantes relations avec les Francs, leurs évêques, leurs princes, notamment avec les rois Clotaire et Childebert. Par la guerre, comme par la paix, rien n'était mieux connu en Gaule que la Bretagne; par conséquent rien n'était plus familier aux clercs gallo-francs, curieux de nomenclature ecclésiastique, que le titre du plus ancien évêché breton, celui de Corisopitum.

Mais les Curiosolites, où étaient-ils en 570 ? M. Longnon, qui les dépêche sans pitié avant le ve siècle, n'hésitera pas à nous accorder qu'en 570 leur nom, leur souvenir a disparu. Pour notre part, si les médailles de Corseult nous forcent à admettre leur existence jusqu'au commencement du vi^e siècle, nous regardons comme impossible que leur vie politique, leur nom de peuple ait pu survivre à la grande émigration de 514, qui inonda la Domnonée de Bretons d'outre-mer. A partir de ce moment, dans le reste de la Gaule, on ne dut plus du tout entendre parler d'eux ; leur souvenir en 570 devait être éteint.

Les choses ... étant là, regardez ce moine de Corbie à son pupitre. Il a devant lui un exemplaire authentique de la *Notice des Gaules.* Il copie lentement, avec soin, avec intelligence, réfléchissant aux noms qu'il écrit, se demandant s'il les connaît ou ne les connaît pas. Le voici à la troisième Lyonnaise. Les cinq premiers noms ne l'embarrassent pas : *Turones, Cenomanni, Redones, Andegavi, Nannetes*, se dit-il, je connais tout cela. — Mais au sixième il s'arrête, il lit en épelant, de crainte de se tromper : *Civitas Co-ri-o-so-li-tum*, qu'est-ce que cela peut être ? Je n'ai jamais ouï ce nom-là. — Puis tout-à-coup il se frappe le front : Ah ! j'y suis, c'est en Bretagne, c'est un évêché breton, seulement ici ils se sont trompés d'une lettre, ils ont mis un *l* au lieu d'un *p* ; je vais corriger cela.

Et le bon moine, reprenant son *calamus*, trace avec soin le mot *Coriosopitum*, sans se douter des soucis que sa correction mal placée causera aux érudits, treize siècles plus tard.

M. Longnon jurerait-il — là sérieusement! — que les choses n'ont pas pu se passer de la sorte?

En tout cas, s'il jure, nous croyons qu'il jurera seul. Et du moment qu'il y a doute, du moment qu'on peut admettre la possibilité de la solution par nous proposée, il n'y a pas à hésiter, car elle a de grands avantages sur l'autre. Elle n'oblige point à tordre le sens naturel de Pomponius, à tuer prématurément un peuple malgré des milliers de médailles qui le font vivre au moins cent ans de plus ; et surtout elle nous dispense de démentir Ptolémée, de mépriser tous les faits et tous les textes qui attachent les Diablintes à Jublains, pour les transporter de vive force, sans le moindre commencement de preuve, dans le pays d'Aleth, où ils ne furent jamais et où ils n'ont laissé nulle trace.

Mais sur ce point — et quoi qu'il advienne du reste — nous comptons bien que ce rapt des Diablintes est dès à présent condamné de tous et ne pourra plus être soutenu.

Arthur DE LA BORDERIE.

APPENDICE AU MÉMOIRE PRÉCÉDENT

En relisant après l'impression le mémoire qui précède, nous trouvons quelques additions à y faire.

11. — A la page 289 ci-dessus, nous parlons des *Samnites* placés par Ptolémée vers l'embouchure de la Loire. Jusqu'à ces derniers temps, presque tous les géographes avaient assimilé ces Samnites de la basse Loire aux Namnètes. C'était, entre autres, l'opinion de feu M. Bizeul qui, en matière de géographie armorico-romaine, reste encore de beaucoup le maître, tant par l'étendue de ses recherches que par sa méthode et sa critique. Il y a pour cette assimilation de fort bonnes raisons; il y a aussi quelques difficultés. Ici, nous n'entendons prendre parti ni pour ni contre. Peut-être un jour aurons-nous lieu de traiter cette question.

12. — Voici un dernier argument que l'on a invoqué pour placer les Diablintes dans le pays d'Aleth, (voir ci-dessus, p. 290.) C'est que quelques manuscrits de la *Notice des Gaules* (pas les plus anciens) ont, à l'article des Diablintes, une glose ou une addition ainsi conçue : « Civitas Diablintum, *quæ alio nomine Aliud vel Adala vocatur.* » Un autre porte seulement : « *quæ alio nomine Adalia vocatur.* » Et un dernier : « Civitas Diablintum, *id est Carifes.* » — On a dit que « l'œil le moins expérimenté » doit reconnaître Aleth dans *Aliud,* qu'*Adala* rappelle Dol, et *Carifes* quelqu'une des localités bretonnes dont le nom commence par l'affixe si connu, *ker*, *caer*, ou *car*.

Admettons tout cela provisoirement : il en résulte que les Diablintes auraient eu *trois* capitales, et comme c'est deux de trop, il en résulte seulement que les copistes de la *Notice* ne savaient pas du tout quelle était la capitale de ce peuple, et écrivaient ces noms au hasard.

On peut de plus affirmer qu'aucun de ces noms n'est le vrai. A moins de nous représenter les Diablintes comme un peuple tout exceptionnel (alors il faudrait le prouver), le nom de leur ville capitale a dû subir les mêmes vicissitudes que ceux de toutes les capitales de tous les autres peuples des Gaules : après avoir eu un nom à elle propre et spécial, cette ville, au IIIe ou au IVe siècle, l'a quitté pour prendre dans l'usage celui du peuple dont elle était le chef-lieu. Ce nom propre et primitif de la capitale des Diablintes, Ptolémée nous le fait connaître, c'est *Nœodunum ;* quand cette ville a pris le nom du peuple dont elle était le chef-lieu, elle s'est forcément appelée *Diablintes*. Voici donc les deux seuls noms qu'elle a pu avoir : *Nœodunum*, *Diablintes*.

M. Kerviler le sent fort bien et le proclame comme nous, quand il essaie d'établir que le nom ancien d'Aleth est *Dialetum,* corruption de *Diabletum* ou plutôt de *Diablentum.* Nous avons démontré son erreur. Mais *Aliud,* qui n'est pas Aleth, est encore beaucoup moins *Diablentum.*

Que voir donc dans cette glose de quelques manuscrits de la *Notice?* Une méprise quelconque des scribes, analogue à celle qui, quelques lignes plus haut, dans le même chapitre de la Lyonnaise troisième, leur a fait donner à Vannes le nom de *Cianeti, civitas Cianctium* ou même *Einancium,* qu'elle ne porta jamais.

Et que dire quand des esprits critiques usent de tels arguments, sinon qu'ils se trouvent contraints, par l'évidente faiblesse de leur thèse, à faire flèche de tout bois ?

13. — Nous ne voulons pas, pour appuyer notre note (1) de la page 301 ci-dessus, faire une dissertation sur la *Notice des Gaules*. Il faut remarquer toutefois que le principe absolu d'où procèdent les thèses de MM. Longnon et Kerviler sur les cités et les évêchés de la troisième Lyonnaise, est inacceptable. Ou il n'est rien, ou il consiste à soutenir l'identité des cités de la *Notice* et des évêchés anciens, antérieurs aux IXe et Xe siècles. Ce qui revient à dire (comme on l'a aussi soutenu) que la *Notice des Gaules* est dans son essence une nomenclature

ecclésiastique, et que tout lieu dont le nom s'y trouve inscrit était nécessairement évêché lors de la rédaction de ce tableau, c'est-à-dire au commencement du ve siècle.

On hésite, il est vrai, à énoncer ce principe ouvertement dans cette forme, qui a l'inconvénient — et à nos yeux l'avantage — d'en mettre en relief la fausseté. Car dans la *Notice*, *civitas* signifie certainement une circonscription territoriale, et si la *Notice* était le tableau des évêchés de la Gaule, *civitas* y aurait nécessairement le sens de diocèse épiscopal. Or, il est certain que, depuis l'origine du christianisme jusqu'au VIIe siècle de notre ère tout au moins, c'est le mot *parœcia* ou *parochia* qui a désigné le territoire soumis à la juridiction d'un évêque. Plus tard, mais pas avant le IXe siècle, *civitas* a fini par prendre ce sens. (1) M. Longnon croit que *civitas* a déjà cette signification dans Grégoire de Tours, ou au moins celle de ville épiscopale ; mais l'un des passages qu'il cite prouve nettement le contraire. C'est celui où Grégoire décrit Dijon, qu'il qualifie *castrum*, et après avoir fait ressortir l'importance de cette ville, ajoute : *Quæ cur non civitas dicta sit, ignoro.* « Je ne sais pourquoi on ne lui donne point le titre de *cité*. » Dijon n'était pas évêché ; si donc ce nom de *civitas* eût été, au VIe siècle, réservé aux villes épiscopales et aux diocèses qui en dépendaient, Grégoire de Tours aurait fort bien su pourquoi Dijon ne portait point ce titre. (2)

Enfin, en fait, il n'est pas vrai que toutes les cités de la *Notice* soient devenues des diocèses. Outre les Diablintes, il en est quatre tout au moins d'où l'on ne voit sortir nul évêché, savoir : la

(1) Voir le *Glossaire* de Du Cange, aux mots *Castrum*, *Civitas*, *Parochia*.

(2) *Hist. eccles. Francor.* lib. III, cap. 19. Il est vrai que M. Longnon, pour détourner le coup que ce texte porte à sa thèse, l'a traduit ou, si l'on veut, interprété d'une façon qui ne nous semble pas parfaitement exacte : « C'est en » songeant à la synonymie de *civitas* et de siège épiscopal que, parlant du » *castrum* de Dijon, l'historien des Francs déclare ne pas savoir pourquoi cette » ville déjà fort importante, n'a pas le *rang* de *civitas*. » (*Géographie de la Gaule au VIe siècle*, p. 4.) Et plus loin (p. 10) : « Le *castrum* de Dijon parais» sait déjà, au VIe siècle, si supérieur aux autres *castra*, que Grégoire de » Tours s'étonnait qu'on n'en eût pas *fait* une *civitas*. » En réalité, Grégoire ne s'étonne pas qu'on n'en ait pas *fait* une *civitas*, qu'on ne lui ait pas donné le *rang* de cité ; il s'étonne qu'on ne lui en donne pas le *nom* (cur non civitas *dicta* sit), ce qui est bien différent et ce qui implique au contraire que, dans son opinion, on pouvait donner ce titre à une ville importante, quoiqu'elle ne fût pas épiscopale.

civitas Boatium dans la Novempopulanie ; — dans la province des Alpes Maritimes, *civitas Rigomagensium* (Chorges) et *civitas Sollinientium* (Seillans) ; — *civitas Equestrium* dans la Grande Séquanaise ; — on pourrait y joindre la *civitas Bononensium* (Boulogne-sur-mer), dans la 2e Belgique, qui ne fut évêché que temporairement et seulement au VIIIe siècle (1).

D'autre part, en dehors de la troisième Lyonnaise, on trouve dans les Gaules au moins une dizaine d'évêchés, antérieurs au IXe siècle (plusieurs du Ve et du VIe), qui ne figurent point comme cités dans la *Notice*, savoir : dans la province ecclésiastique de Sens (4e Lyonnaise), *Nevers* démembré de la *civitas Autisiodorum* (Auxerre) ou peut-être de celle des Eduens (Autun) ; — dans la province de Reims (2e Belgique) *Laon*, démembré de la cité des Rémois ; — *Sion* dans la province de Tarentaise, — *Maurienne*, dans celle de Vienne ; — *Toulon* et *Carpentras*, dans la province d'Avignon ; — dans celle de Narbonne, les évêchés d'*Agde*, de *Carcassonne*, d'*Elne* (transféré plus tard à Perpignan) et de *Maguelonne* (transféré à Montpellier) ; — dans la province d'Auch, celui de *Lapurdum* ou Baïonne, démembré de la *civitas Aquensium*, etc. (2).

Donc, s'il est vrai en général — ce que nul ne conteste — que les cités de la *Notice* sont devenues le plus souvent des évêchés, et que les évêchés antérieurs au IXe siècle sont le plus souvent représentés par des cités de la *Notice*, — on n'a nullement le droit d'ériger ce double fait, quoique habituel, en principe absolu, puisque l'on y a déjà constaté, en dehors de la troisième Lyonnaise, un nombre assez notable d'exceptions.

On ne peut donc affirmer *à priori* qu'il n'y a point eu de ces exceptions dans la troisième Lyonnaise. Dès lors la ville de *Diablintes* (Jublains) peut très bien avoir été une des *cités* de la *Notice*, quoiqu'elle ne soit pas devenue un évêché ; et, par contre, il n'est nullement impossible qu'il y ait eu à

(1) Voir B. Guérard, *Essai sur le système des divisions territoriales de la Gaule*, p. 107, 111-112, 115 ; et M. Longnon, *Géographie de la Gaule au VIe siècle*, p. 2 et 420.

(2) Voir B. Guérard, *Essai sur les divisions territoriales de la Gaule*, p. 106, 114, 115, 116, 117, 120 ; et M. Longnon, *Géographie de la Gaule au VIe siècle*, p. 3, 366, 421, 609, 610, 614 et 617.

Dol, à Aleth, à Saint-Pol-de-Léon, des évêchés non représentés dans la *Notice*.

14. — Pour prouver que l'île *Sena* de Pomponius Mela n'est point celle de *Sein* ou *Seun*, MM. Le Men, Longnon et Kerviler croient pouvoir tirer grand avantage de ce que *Sena* est placée par ce géographe *in mari Britannico* (voir ci-dessus, p. 205). D'après eux, ce *mare Britannicum* ne peut être que la Manche, c'est dans la Manche uniquement qu'il faut chercher la *Sena* de Pomponius : ce qui exclut absolument, à leur avis, Sein ou Seun.

Pour toute réponse il suffirait de citer le chapitre où ce même Pomponius, décrivant la côte d'Espagne, débute en disant que les Pyrénées baignent leur pied dans l'Océan britannique : « *Pyrenœus primo hinc in Britannicum procurrit Oceanum* » (De situ Orbis, lib. II, cap. 6).

Veut-on plus ? Dans la partie maritime de l'Itinéraire d'Antonin il y a un chapitre intitulé : *Insulœ in mari Oceano quod Gallias et Britannias interluit*. Parmi les îles énumérées sous ce titre on trouve, entre autres, les Orcades, Wight *(Vecta)*, Jersey *(Cæsarea)*, Baz *(Barsa)*, puis *Uxantis* (Ouessant), *Sina* (Sein), *Vindilis*, *Siata*, *Arica*. D'Anville, dans ces deux dernières, voit Houat et Hœdic ; on peut contester cette interprétation ; ce qui est sûr, c'est que *Vindilis*, et mieux *Vuidilis*, est Widil, Guidil, ou Guidel, c'est-à-dire Belle-Isle en mer, qui a porté ce nom de Guidel pendant tout le moyen-âge. Si Belle-Isle est dans la mer Britannique, à plus forte raison Sein y doit être.

Enfin, Vibius Sequester, au ve siècle, dans son livre *De fluminibus quorum apud poetas fit mentio*, dit de la Loire qu'elle se décharge dans l'océan Britannique : « Liger Galliæ, dividens » Aquitanos et Celtas, *in oceanum Britannicum evolvitur.* »

Conclusion : le *mare Britannicum* des anciens avait une toute autre étendue que notre Manche ou une signification autrement flottante. Ce terme ayant été appliqué à l'Océan depuis les Orcades jusqu'aux Pyrénées, il n'y a point à s'étonner que *Sena*, notre Sein, la *Seun* des Bretons, soit placée par Pomponius *in mari Britannico*.

A. DE LA B.

SAINT-BRIEUC. — IMP. L. PRUD'HOMME

GÉOGRAPHIE GALLO-ROMAINE DE L'ARMORIQUE

DIABLINTES

CURIOSOLITES & CORISOPITES

(DEUXIÈME MÉMOIRE.)

PAR

ARTHUR DE LA BORDERIE

Membre du Comité des Travaux historiques.

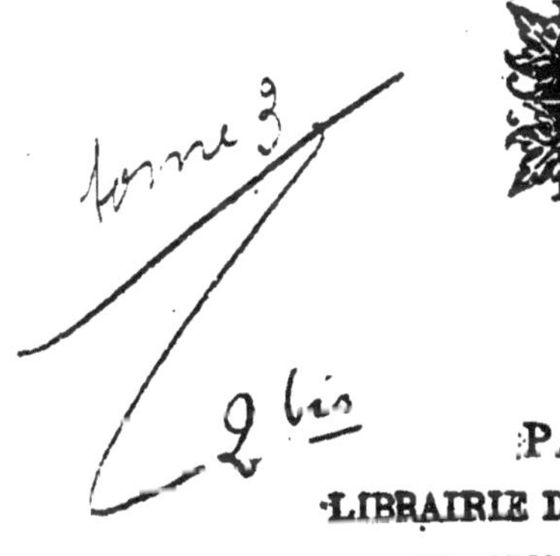

PARIS
LIBRAIRIE DE H. CHAMPION
15, QUAI MALAQUAI, 15

MDCCCLXXXII

GÉOGRAPHIE GALLO-ROMAINE DE L'ARMORIQUE

DIABLINTES, CURIOSOLITES ET CORISOPITES

DEUXIÈME MÉMOIRE

Réplique à M. René Kerviler

En 1873, M. Kerviler tenait pour nécessaire la *superposition* d'un évêché sur chacune des cités de la *Notice des Gaules* (1). Ne trouvant pas d'évêché à Jublains, il refusait de reconnaître là une cité, il était donc forcé de chercher ailleurs la *civitas Diablintum* de la *Notice*. D'autre part, il regardait alors *Alethum* ou *Aletum* comme la contraction d'une forme plus ancienne *Dialetum*, corruption à ses yeux de *Diabletum* ou *Diablentum* (2).

(1) Il écrivait alors : « Les évêchés venant *se superposer exactement* sur les *civitates* du ve siècle, *comment pourrait-il se faire* qu'il eût existé une *civitas* à Jublains et qu'il soit impossible d'y découvrir la moindre trace d'un évêché ? » (*Assoc. Bretonne, Archéologie*, Congrès de Quimper de 1873, p. 59-60). Cela veut dire évidemment que *partout* où l'on trouve une *civitas*, il doit y avoir eu un évêché, et réciproquement.

(2) La *Chronique de Nantes* est le seul document ancien où l'on trouve, non *Dialetum*, mais « Britannos *Dialetenses* » ; nous avons expliqué ce mot dans notre Mémoire de l'an dernier (*Assoc. Bret., Archéologie*, Congrès de Quintin de 1880, p. 295-298). M. Kerviler parle d'une variante qui porterait *Diablentenses*, il ne dit point où elle est, nous ne la connaissons pas ; si elle existe, c'est dans quelque texte moderne et sans valeur.

Il y avait un évêché à Aleth, Dialet, Diablet ou Diablent; il était donc naturel, logique que M. Kerviler vît là la *civitas Diablintum.*

Aujourd'hui il reconnaît de bonne grâce qu'Aleth ne s'est point appelé Dialet ou Diablet et n'a aucun titre à être tenu pour capitale des Diablintes. Il admet comme possible que certaines cités de la *Notice* ne soient pas devenues sièges d'évêchés, et par contre qu'il y ait eu des évêchés en des lieux qui n'étaient pas des cités de la *Notice.*

Dès lors, nous ne voyons plus en vertu de quel principe, de quel raisonnement, de quelle déduction logique, il refuse de laisser les Diablintes à Jublains, où on trouve leur nom à chaque instant du VIe au IXe siècle, et s'obstine à les transporter à Aleth où, de son aveu, on n'en trouve nulle trace, puisque la seule trace qu'on pût citer, du moins alléguer, était ce prétendu nom de *Dialetum* pour *Diabletum*, auquel il renonce.

Il objecte que, dans les actes du VIe au IXe siècle, Jublains (*Diablintes*) n'a point le titre de *civitas*, mais seulement d'*oppidum*, de *condita* ou de *vicaria.* Assurément, depuis l'époque de la *Notice,* la ville chef-lieu des Diablintes avait dû — au moment de la chûte de la domination romaine — subir quelque désastre qui l'avait ruinée ou au moins fortement ébranlée et réduite à une importance secondaire; son nom restait pourtant encore attaché à un territoire notablement etendu, comme on s'en peut convaincre en recherchant sur la carte les lieux placés sous sa dépendance par les actes du VIe au IXe siècle, comme l'indique d'ailleurs assez le titre de *condita* donné à la région dont elle était le centre, et qui est toujours attribué à des circonscriptions importantes (1). Mais enfin, si M. Kerviler trouve que c'est trop peu pour mettre là la *civitas Diablintum,* pour la mettre dans le pays d'Aleth il y a moins encore, puisqu'il n'y a rien, pas un texte, pas un monument, pas le moindre vestige de l'existence des Diablintes.

Et Ptolémée, qui place si expressément les Diablintes dans l'intérieur des terres (ἐν τῇ μεσογαίᾳ), M. Kerviler croit se débar-

(1) L'opinion de M. de Courson sur le sens de *condita,* à laquelle M. Kerviler se rattache, est une hypothèse jusqu'ici ingénieuse mais sujette à plus d'une objection, et qui n'a point été adoptée par la critique.

rasser de son témoignage en y opposant un passage de César, qu'il tient pour contradictoire. Si la contradiction existait, Ptolémée, habituellement plus précis que César dans ses indications topographiques, mériterait d'être préféré. Mais de contradiction il n'y en a pas. César dit que les Aulerques touchaient à l'Océan (1). Les Aulerques étaient ou avaient été, soit une confédération, soit une grande nation gauloise divisée en plusieurs branches, dont chacune au temps de César formait un peuple, une cité. Il mentionne les Aulerques-Cénomans, les Aulerques-Eburons ou Eburovices (2), et Ptolémée les Aulerques-Diablintes (3). De ce que ni les Cénomans (peuples du Mans) ni les Eburons (peuples d'Evreux) ne touchaient à l'Océan, il suit *nécessairement* — selon M. Kerviler — que les Diablintes devaient y toucher.

Pour légitimer cette conclusion, il faudrait pouvoir prouver que la nation ou confédération des Aulerques comprenait uniquement ces trois peuples. Or, cette preuve n'existe pas; la plupart des historiens et des géographes admettent au contraire que, en raison de son importance, cette nation ou confédération devait comprendre encore d'autres cités. César lui-même nomme les Aulerques-Brannovices, qui habitaient une autre partie de la Gaule (4), et semble mettre dans la famille aulercienne les Lexoviens (peuples de Lisieux), limitrophes des Eburons, et qui eux touchaient à l'Océan (5). Et M. Ernest Desjardins rattache à la même famille — par une conjecture selon lui très légitime — les *Ambivariti* ou *Abrincatui* (peuples d'Avranches), qui bordaient également l'Océan (6).

(1) *Bell. Gall*, lib. II, cap. 34.

(2) *Ibid*, VII, 75.

(3) César, dans le seul passage où il nomme les Diablintes (*Bell. Gall.* lib. III, cap. 9), n'indique pas leur origine aulercienne, Pline pas davantage, bien qu'il nomme à côté d'eux les Aulerques-Cénomans et les Aulerques Eburovices (*Hist. nat.*, IV, 17); Ptolémée seul joint au nom des Diablintes celui d'Aulerques (Αὐλίρκιοι Διαυλῖται). Ainsi, pour le passage même dont il conteste l'exactitude, M. Kerviler est obligé de commencer par un acte de foi en l'exactitude de Ptolémée : cela n'est guère logique.

(4) *Bell. Gall.*, VII, 75.

(5) « *Aulerci* Eburovices *Lexoviique*... se cum Viridovice conjunxerunt. » *Ibid.*, III, 17.

(6) Ernest Desjardins, *Géographie de la Gaule romaine*, t. II (1878), p. 490.

Donc, au sujet des Diablintes, entre Ptolémée et César nulle contradiction; donc aussi le témoignage du premier, plaçant ce peuple dans l'intérieur des terres, garde toute sa force et exclut nettement le pays d'Aleth.

Aussi sommes-nous convaincus que M. Kerviler, quand il y aura de nouveau réfléchi, abandonnera ce système incohérent, sans base aucune, et purement hypothétique, qui prétend implanter les Diablintes dans un pays où l'on ne peut trouver la moindre trace de leur existence.

Cette première solution n'influe d'ailleurs en rien — nous l'avouons — sur celle de l'autre partie du problème, la question des Curiosolites et Corisopites. On peut laisser à Jublains les Diablintes de la *Notice*, et soutenir qu'à l'époque de ce document les Curiosolites avaient disparu, absorbés par leurs voisins, les Rédons et les Osismes.

Mais avaient-ils vraiment été absorbés, c'est-à-dire, leur ville, leur nom avaient-ils disparu? Là est la question.

Le fait n'aurait rien d'étrange, dit M. Kerviler, pareille chose est arrivée à telle ou telle autre cité gauloise, par exemple, aux Viducasses et aux Calètes, qui existaient aux temps de César ou de Ptolémée et qu'on ne trouve plus dans la *Notice*.

Nous n'avons jamais soutenu l'*impossibilité* de la disparition des Curiosolites; nous avons soutenu, prouvé qu'elle n'avait pas eu lieu. Et les deux exemples cités par M. Kerviler, loin de servir son système, le desservent.

Premier exemple. — « César, Pline et Ptolémée, dit M. Kerviler (1), citent les *Caletes* et les *Veliocasses* comme deux » peuplades gauloises distinctes. Les premiers disparaissent » pourtant, et l'on ne retrouve que les seconds à l'époque de la » *Notice*: ils avaient *absorbé* leurs voisins. »

Ces assertions ne sont pas parfaitement exactes. Dans la *Notice des Gaules* il n'y a ni Veliocasses (ou Vellocasses) ni Calètes. Contre les Curiosolites — qu'ils croient absents de la *Notice* — MM. Kerviler et Longnon ont porté cette règle :

(1) Association Bretonne, classe d'Archéologie; Congrès de Redon en 1881. p. 214.

peuple omis dans la *Notice*, peuple fini, mort, disparu. D'après cette règle il faudrait déclarer morts dès la fin du IVe siècle et les Vellocasses et les Calètes, absorbés et remplacés par un nouveau peuple, les Rotomages : car la *Notice*, en leur place, mentionne uniquement la *civitas Rotomagensium*.

En réalité, et en dépit de la *Notice*, il n'y eut jamais de peuple des Rotomages, *Rotomag* ayant toujours été le nom spécial d'une ville et jamais celui d'un peuple.

En réalité, et malgré la règle ci-dessus, à l'époque de la *Notice* et les Vellocasses et les Calètes subsistaient avec leurs noms, qui ont traversé tout le moyen-âge sous les formes de *pagus Veliocassinus*, *Velcassinus, Vilcassinus*, etc. ; — *pagus Caletensis, Caletivus, Caltiacensis*, etc. (1), et qui de nos jours existent encore dans les noms de pays de Vexin, pays de Caux.

La capitale des Calètes, *Juliobona* (aujourd'hui Lillebonne), n'avait pas disparu davantage à l'époque de la *Notice*. Un examen attentif et minutieux des nombreuses antiquités et des ruines considérables de monuments anciens découvertes en ce lieu a permis aux historiens de Lillebonne de constater que, vers la fin du IVe siècle, on ajouta au théâtre de cette ville des constructions nouvelles et que, quelque temps après, pour la mieux défendre contre les attaques des pirates, « on remplaça le camp » de la colline orientale par une forte muraille militaire, en partie » construite avec des matériaux provenant du théâtre même. » Ils ont constaté que cette ville existait à la fin du Ve siècle, au commencement du siècle suivant (2), et dans le fait elle existait si bien que sous les Mérovingiens elle eut des évêques, dont l'un souscrit en 650 les canons du concile de Châlon (3). Au VIIIe, au IXe siècle, quoique bien déchue, on lui donnait encore le nom de *civitas* (4).

(1) Auguste Le Prévost, *Anciennes divisions territoriales de la Normandie*, Rouen, 1840, in-4°, p. 13 et 21-22.

(2) Voy. A. Guilmeth, *Histoire de la ville et des environs de Lillebonne*, Rouen, 1842, in-8°, p. 43-44.

(3) « Betto episcopus ecclesiæ de Juliobona subscripsi, » dans Labbe, *Sacrosancta Concilia*, t. XVI, col. 392.

(4) La *Chronique de l'abbaye de Fontenelle*, écrite au temps de Louis-le-Débonnaire, rapporte que, sous l'abbé Teutsinde qui gouverna le monastère

Voilà comme les Calètes et leur ville avaient disparu dès le temps de la *Notice*.

Que conclure de là? C'est que le texte de ce document, dans les copies venues jusqu'à nous, même dans les plus anciennes, a subi plus d'une altération. Toutes sans exception omettent les Calètes et les Vellocasses, qui certainement existaient, et leur substituent les Rotomages, qui en tant que peuple n'ont jamais existé. Quand donc toutes s'accorderaient à substituer les Corisopites aux Curiosolites, ce ne serait pas là une preuve décisive de la disparition de ces derniers; ce pourrait être simplement une erreur du genre de celle qui a remplacé les Calètes et Vellocasses par les Rotomages.

De ce premier exemple telle est la conclusion la plus nette.

Deuxième exemple. — Au commencement du XVIIIe siècle, on découvrit au village de Vieux, près de Caen, des ruines, des inscriptions, des médailles, prouvant l'existence en ce lieu de la ville et cité des Viducasses, mentionnée par Pline, peut-être par Ptolémée, remplacée dans la *Notice* par celle des Baiocasses (Baieux), qui l'avait absorbée. En faisant connaître ces découvertes, les Mémoires de l'ancienne Académie des Inscriptions disent : « On a trouvé à Vieux un grand nombre de médailles » antiques du haut et du bas Empire, depuis les premiers Césars » jusqu'aux enfants du grand Constantin (361) : d'où il est naturel » de conclure que cette ville des Viducassiens n'a été détruite » ou abandonnée que dans le IVe siècle (1), » - c'est-à-dire, une quarantaine d'années ou environ *avant* la rédaction de la *Notice des Gaules*.

C'est là le cas de Corseul, à cette différence près, que le « grand nombre de médailles » trouvées à Corseul ne s'arrête qu'aux rois gothiques du VIe siècle, successeurs des empereurs d'Occident : « d'où il est naturel de conclure » — dirons-nous avec l'Académie des Inscriptions — « que cette ville des Curio- » solites n'a été détruite ou abandonnée que dans le VIe siècle, »

de 734 à 738, on fit construire une église avec des pierres tirées de « Juliobona », et le chroniqueur ajoute : « Hæc namque *civitas* fertur ædificata fuisse à Gaio Julio imperatore Romanorum, etc. » *Chronic. Fontan.*, cap. X, dans le *Spicilège* de d'Achery, édit. de 1723, t. II, p. 273.

(1) *Hist. de l'Acad. des Inscr.*, in-4°, I, p. 290; in-12, p. 400.

c'est-à-dire, plus de cent ans *après* la rédaction de la *Notice des Gaules*.

Voilà comme le cas des Viducasses ressemble à celui des Curiosolites.

Il est certain, en effet, que les nombreuses monnaies du VIe siècle, trouvées à Corseul, prouvent que cette ville avait gardé jusque là ses habitants, son commerce et autant de prospérité qu'on pouvait en posséder alors. — M. Kerviler, sur cet article, ne nous a absolument rien répondu. — Elle conservait aussi son nom, puisque ce nom est resté attaché à ce lieu jusqu'à nos jours. Elle fut frappée, dévastée dans le courant du VIe siècle, probablement par les pirates qui couraient la Manche et qui faisaient sur nos côtes de fréquentes incursions. Mais le souvenir de son importance et de sa prospérité se conserva pendant tout le moyen-âge. Au XIIe siècle, l'auteur de la *Chanson d'Aquin* disait :

> Droit à Corseut s'estoit l'ost aroté,
> Cité fut riche, ville d'antiquité ;
> Mais gaste estoit, long temps avoit passé,
> Et mort le sire et à sa fin alé (1).

Ainsi, au Ve siècle, la capitale des Curiosolites conservait son nom, son existence ; pourquoi les habitants de son territoire auraient-ils disparu, absorbés par leurs voisins? On ne le peut deviner. Les cités de la Gaule n'étaient pas, comme nos départements, des circonscriptions administratives factices qu'un décret avait créées et qu'un autre pouvait faire disparaître ; c'était des groupes naturels, de vrais peuples, et tant qu'un fléau quelconque ne venait pas faucher la race ou détruire le chef-lieu, la cité gardait sa vie, son nom, son unité.

Les Curiosolites qui sont dans César, qui sont dans Pline, qui sont (comme le remarque fort bien M. Kerviler) dans une inscription du IIIe siècle (borne milliaire de Saint-Méloir-des-Bois), qui ont certainement existé jusqu'au VIe, doivent aussi être dans la *Notice des Gaules*. Un tiers environ des manuscrits de ce docu-

(1) *La Conqueste de la Bretaigne par Charlemaigne*, édit. Jouon des Longrais, 1880, p. 108.

ment porte leur nom ; les deux autres tiers portent *Corisopitum* et dans ce nombre le plus ancien, le manuscrit de Corbie de la fin du VIe siècle (vers 570). Mais ce n'est pas là une question qui se décide à la majorité. Et tous ces manuscrits n'étant que des copies (y compris le plus ancien, postérieur de près de deux siècles à l'époque de la *Notice*), c'est par d'autres considérations qu'il faut décider entre les deux variantes, *Corisolitum* et *Corisopitum*. La bonne est évidemment celle qui s'accorde le mieux avec les faits certains, les témoignages des historiens et des géographes.

Or la variante *Corisopitum* contredit un fait certain, l'existence des Curiosolites et de leur cité au temps de la *Notice ;* elle contredit formellement l'un des meilleurs géographes anciens, Pomponius Méla, qui place l'île de Sein en face du pays des Osismes et non de celui des Corisopites (1).

— Mais, dit M. Kerviler, Méla est du Ier siècle, la *Notice* du IVe, notre cité des Corisopites est née entre ci et là.

— Où voyez-vous qu'elle soit née depuis Méla?

— Dans la *Notice*, répond-il, puisque son nom y est.

C'est justement ce qui est contesté; c'est donc résoudre la question par la question, avec addition d'hypothèse gratuite. Procédé que la logique et la critique s'accordent à repousser.

Ajoutez que, dans ce système, impossible d'expliquer l'existence de la variante *Corisolitum ;* car si l'on suppose les Curiosolites disparus dès le IVe siècle, absents dans l'original de la *Notice*, pourquoi les moines des VIIIe et IXe siècles, copistes de ce document, seraient-ils allés ressusciter ce nom pour le substituer au *Corisopitum* du manuscrit original? Impossible d'en donner une raison plausible.

Au contraire, en admettant que le nom des Corisopites ait été apporté de l'île de Bretagne — où il existait de vieille date — par les émigrés bretons venus en Armorique au milieu du Ve siècle, on explique facilement l'erreur des copistes de la *Notice* qui depuis le VIe siècle ont substitué *Corisopitum* à *Corisolitum ;* on explique sans peine pourquoi la leçon *Corisopitum* a prévalu dans la majorité des manuscrits : c'est parceque ce nom de Corisopites était aussi connu des copistes que celui de Curiosolites l'était

(1) M. Kerviler admet aujourd'hui que l'*insula Sena* de Pomponius est bien l'île de Sein.

peu. M. Kerviler reconnaît, du reste, très loyalement notre hypothèse à ce sujet comme très plausible; seulement, ajoute-t-il, il faut mieux que du plausible, il faut du certain. —

Du certain, qu'il nous permette de le lui dire, c'est ce que lui-même nous donne le moins : tout son système est un tissu d'hypothèses. Là où les documents sont incomplets, insuffisants ou contradictoires, l'hypothèse, nous le savons, est à un certain moment, une nécessité inéluctable. Encore faut-il y recourir le moins possible, et surtout prendre garde qu'elle ne choque ni les faits constants ni les témoignages précis et ne nous pousse pas dans de nouvelles difficultés.

Ce qui fait le mérite de notre opinion — de notre hypothèse, si l'on veut — c'est qu'elle remplit parfaitement ces conditions.

Le système de nos adversaires y manque tout à fait. Non-seulement il vient se heurter contre l'autorité de Pomponius, contre le fait incontestable de l'existence des Curiosolites, mais il verse en plein dans cette erreur énorme, inexcusable, qui arrache les Diablintes à un pays où tout parle d'eux, où on trouve à chaque pas leur nom, leurs monuments, leurs souvenirs, pour les transplanter dans une région où ils sont absolument ignorés et où l'on ne peut découvrir la moindre trace de leur présence, à quelque époque que ce soit.

Cela suffit à le juger, à le condamner.

ARTHUR DE LA BORDERIE.

SAINT-BRIEUC. — IMP. L. PRUD'HOMME

www.ingramcontent.com/pod-product-compliance
Ingram Content Group UK Ltd.
Pitfield, Milton Keynes, MK11 3LW, UK
UKHW021128230726
13926UKWH00002B/669